AF462149

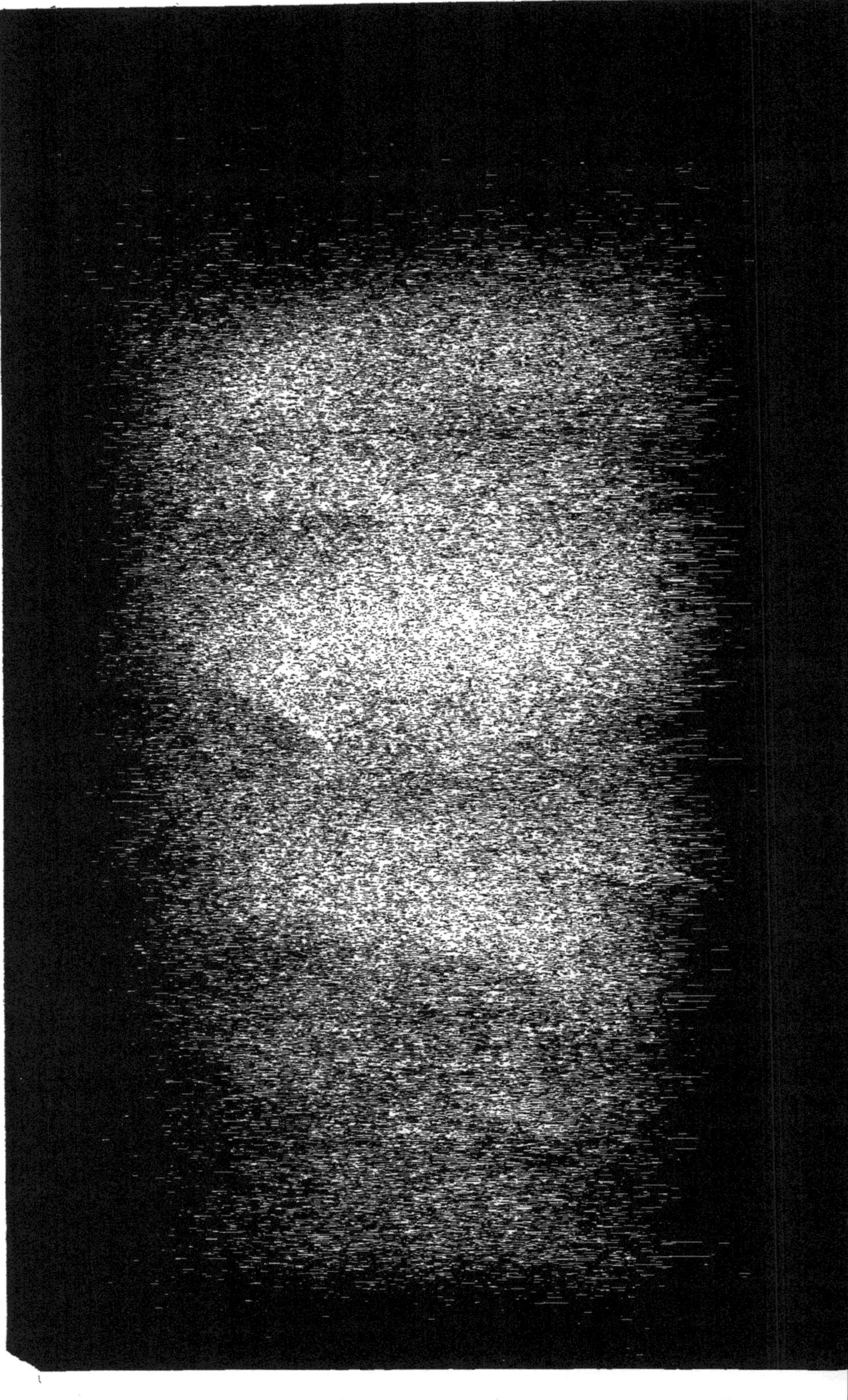

LES RELATIONS RUSSO-ALLEMANDES

DU XVIIIe SIÈCLE A 1870

Du même Auteur

1° Ouvrages

Pierre le Grand et le premier traité franco-russe (1682-1917). Préface du baron de Courcel, membre de l'Institut. Un volume in-8 de 300 pages emprunté aux Archives françaises et russes (Librairie Perrin). Prix .... 5 francs

Le Duc d'Angoulême (1775-1844). Un volume in-8 de 400 pages emprunté aux Archives françaises, anglaises, russes et aux Archives privées. 3e édition (Librairie Emile Paul). Prix .... 5 francs

La France morale et religieuse au début de la Restauration. Un fort volume in-12 de 300 pages, emprunté aux Archives françaises, anglaises et aux Archives privées. 2e édition (Librairie Emile Paul). Ouvrage couronné par l'Académie des Sciences Morales et Politiques Prix .... 5 francs

La France morale et religieuse à la fin de la Restauration Un fort volume in-12 de 352 pages emprunté aux Archives françaises, anglaises et aux Archives privées. 2e édition. (Librairie Emile Paul) Ouvrage couronné par l'Académie des Sciences Morales et Politiques Prix .... 5 francs

La Révolution de Juillet 1830 et l'Europe. Un fort volume in-8 de 600 pages emprunté aux Archives de l'Europe entière, 2e édition (Librairie Emile Paul). Ouvrage couronné par l'Académie des Sciences Morales et Politiques (Premier prix d'Histoire Diplomatique). Prix .... 15 francs

La Crise d'Orient de 1839 à 1841 et l'Europe. Un fort volume in-8 de 600 pages emprunté aux Archives de l'Europe entière (Librairie Emile Paul). Ouvrage couronné par l'Académie française (Premier prix Thérouanne) et par l'Académie des Sciences Morales et Politiques. Prix .... 30 francs

Cet ouvrage a été également désigné, en Octobre 1922, par la commission spéciale nommée par le Comité France-Amérique et présidée par M. Gabriel Hanotaux, de l'Académie Française, comme l'un des plus marquants dans le domaine historique.

Du Rhin à la Vistule. Questions d'Histoire Diplomatique contemporaine. Communications faites de 1916 à 1923 à l'Académie des Sciences Morales et Politiques. Un volume in-12, de 300 pages, emprunté aux Archives de l'Europe entière. (Editions Victor Attinger). Prix .... 7 francs

Cet ouvrage a été également désigné par la Commission Spéciale nommée par le Comité France-Amérique et présidée par M. Gabriel Hanotaux comme l'un des plus marquants dans le domaine historique (Mai 1924).

Les Grandes Questions Européennes et la Diplomatie des puissances sous la Seconde République française. Tome I. Octobre 1847 au 1er Mai 1850. Un fort volume in-8 de 600 pages, emprunté aux Archives de l'Europe entière. Ouvrage couronné par l'Académie française (Premier prix Thérouanne). Editions V. Attinger). Prix 36 fr.

Cet ouvrage a été également désigné, en Septembre 1925, par la Commission Spéciale nommée par le Comité France Amérique et présidée par M. Hanotaux comme l'un des plus marquants dans le domaine historique.

Les Grandes Questions Européennes et la Diplomatie des Puissances sous la Seconde République française Tome II (1850-1852). Un fort volume in-8 de 500 pages emprunté aux Archives de l'Europe entière (Editions V. Attinger).

Cet ouvrage a été également désigné, en Janvier 1930, par la Commission spéciale nommée par le Comité France Amérique et présidée par M. Hanotaux comme l'un des plus marquants dans le domaine historique.

2° Brochures

La question de Bavière pendant et après la guerre mondiale (1922). Une brochure de 42 pages empruntée à plusieurs Archives d'Europe (Librairie Emile Paul). Prix 2 fr.

Communications faites de 1924 à 1929 à l'Académie des Sciences Morales et Politiques

empruntées aux Archives de l'Europe entière.

La Situation intérieure de la Russie, du XIXe au XXe siècle et ses répercussions (17 Mai 1924). Une brochure de 24 pages (Imprimerie Bussière).

L'Influence de l'Angleterre, de la Russie et de l'Italie dans la formation de l'unité allemande (21 Février 1925) Une brochure de 23 pages (Imprimerie Bussière).

Les Relations Austro-Allemandes du XVIIIe au XXe siècle (10 avril 1926). Une brochure de 50 pages (Imprimerie Bussière).

Les Relations Austro-Prussiennes du XVIIe siècle à 1870 (30 avril 1927). Une brochure de 43 pages (Imprimerie Bussière)

Le Problème Agricole Allemand dans le passé et le présent (10 novembre 1928). Une brochure de 50 pages (Imprimerie Bussière).

Communication faite en 1923 à la Société des Études Historiques

Le Prince A. de Battenberg. Sa lutte contre le Tzar et Bismarck.

Communications faites à la Société d'Économie Politique

empruntés à plusieurs Archives d'Europe.

Le Problème Agricole Allemand (5 Octobre 1917). Une brochure de 30 pages (Imprimerie Bussière).

Le Problème Agricole Allemand pendant et après la guerre 15 Novembre 1919). Une brochure de 30 pages (Imprimerie Bussière).

Quelques aspects de la Situation Économique et Agricole de l'Allemagne (4 Novembre 1922). Une brochure de 28 pages (Imprimerie Bussière).

Un aperçu de la situation économique de l'Allemagne depuis 1922 (5 Novembre 1925). Une brochure de 32 pages (Imprimerie Bussière).

Communication faite à la Société d'Économie Sociale

L'Allemagne depuis 1914 (26 Avril 1926. Une brochure de 44 pages (Imp. Bussière).

Vicomte de GUICHEN

MEMBRE CORRESPONDANT DE L'ACADÉMIE ROUMAINE,
DE L'ACADÉMIE ROYALE DES BELLES LETTRES A BARCELONE
ET DE L'INSTITUT DE COÏMBRE
MEMBRE ADHÉRENT DE L'ACADÉMIE DIPLOMATIQUE INTERNATIONALE
PREMIER SECRÉTAIRE D'AMBASSADE HONORAIRE

LES RELATIONS RUSSO-ALLEMANDES

DU XVIIIe SIÈCLE A 1870

Communication faite le 18 Janvier 1930
à l'Académie des Sciences Morales et Politiques
et le 5 Mars 1930
à l'Académie Royale des Belles-Lettres à Barcelone

SAINT-AMAND (Cher)
IMPRIMERIE R. BUSSIÈRE
74, Rue Lafayette, 74

Mes Chers Collègues (1),

L'année dernière, presque à pareille époque, je me trouvais dans ce centre latin de Coïmbre qui, malgré les revers de la fortune et de l'Histoire, a conservé une si grande parure intellectuelle.

Puis c'est à Bucarest que j'ai pu admirer de nouveau l'efflorescence du génie latin.

Et voici qu'aujourd'hui, grâce à votre bienveillance, je me retrouve dans un nouveau et illustre centre latin, d'origine et de tradition séculaires. La joie que j'en éprouve se double d'un sentiment de sincère gratitude pour l'élection par laquelle, le 16 octobre dernier, vous avez bien voulu m'appeler à prendre place au milieu de vous. Les paroles si cordiales que vient de m'adresser Son Excellence M. le Président de l'Académie me touchent profondément.

Elles s'adressent à l'historien qui doit au caractère international de ses travaux, l'honneur d'être ici aujourd'hui.

(1) Allocution prononcée à l'*Académie Royale des Belles Lettres* à Barcelone.

•Je sais combien sont nombreux et de culture variée les savants qui, depuis tant d'années, ont siégé dans cette enceinte. Votre littérature m'est connue. Déjà au Moyen-Age on s'accordait à vanter sa richesse et son ampleur, et elle présentait tous les caractères d'une très grande littérature. Peut-on oublier les noms illustres de votre pays : Torras y Bages, Alcover et Costa y Llobera, Rusinyol, Joseph Carner — et tant d'autres ? Depuis lors, votre activité s'est étendue dans tous les domaines. Les institutions d'enseignement foisonnent en Catalogne ; vos Ecoles Normales et vos bibliothèques populaires ont un renom mondial. On ne compte plus les manifestations artistiques dont Barcelone a été le théâtre. Dans le domaine de l'industrie, vous vous êtes placés au premier rang. Il semble qu'un souffle puissant et toujours renouvelé ait sans cesse vivifié votre pays, et l'on peut dire que réaliser est, dans toute l'acception du terme, l'une des qualités fondamentales des Catalans.

Je me félicite de pouvoir vous apporter aujourd'hui le salut de la France unie à la Catalogne par des liens séculaires. A côté de tant d'événements historiques, l'ancienne amitié des Catalans pour les Provençaux s'affirmait déjà au Moyen-Age et n'a pas été étrangère à l'admirable renaissance Catalane du XIXe siècle.

Messieurs, dans les temps où nous vivons, et quel que soit le pays, l'une des conséquences des terribles événements que le monde a traversés au début de ce siècle, a été la course aux biens matériels. Il semble que l'humanité ait aspiré, surtout depuis une dizaine d'années, à une existence de plaisir, pour pallier ainsi les souffrances par lesquelles elle a passé pendant la guerre, et chaque fois que j'ai eu l'occasion de faire cette remarque dans bien des régions et au sein de nationalités très diverses, me sont revenues à la mémoire ces lignes d'un de vos plus anciens et illustres écrivains, l'archiprêtre de Hita. Il écrivait, en effet, au XIVe siècle.

« L'argent est puissant ; d'un imbécile, il fait
« un homme de poids... Tous les hommes suivent
« l'argent avec joie et aujourd'hui tous lui baisent
« les mains (1). »

Cette recherche du profit et de la jouissance a eu pour conséquence immédiate de mettre en péril certaines sciences désintéressées, et pourtant

(1) Traduction d'Edouard Rod.

primordiales pour l'homme d'Etat, la science historique par exemple et dans maints pays on constate aujourd'hui, hélas, un affaiblissement marqué de la culture générale.

Dans les Académies européennes, à l'Académie Royale de Barcelone, on respire l'air pur des cimes, on revit dans une atmosphère de grandeur. Et si j'évoque cette pensée au milieu de vous, c'est que, de tout temps, la Catalogne a possédé au plus haut point le sentiment de l'honneur et le respect de la parole donnée. Cervantès écrivait : « Les Catalans sacrifient très volontiers la vie à l'honneur. Ils se surpassent eux-mêmes pour défendre l'une et l'autre. » Et un écrivain Hispano-Portugais, Manuel de Melo, dont je parcourais l'année dernière à Coïmbre l'œuvre si remarquable, disait de son côté : « Les Catalans attachent une très grande valeur à leur honneur et à leur parole. »

C'est devant ces nobles sentiments que je m'incline en ce jour, au moment où j'ai la bonne fortune de me trouver pour la première fois à l'Académie de Barcelone, et vous verrez, Messieurs, dans la manifestation de cette admiration l'expression la plus émue de ma haute reconnaissance personnelle !

Les Relations Russo-Allemandes du XVIIIe siècle à 1870

MESSIEURS,

Au cours de l'année 1918 et en pleine guerre, j'avais présenté à l'Académie une étude sur les relations russo-allemandes, qui s'appliquait spécialement à la période de 1870 à la guerre mondiale.

M. Deschanel m'avait alors exprimé le désir de me voir traiter ce sujet, du XVIIIe siècle jusqu'à 1870 ; je lui avais fait observer que cette question si importante nécessitait, pour être complète, des recherches dans l'Europe entière, M. Deschanel a malheureusement disparu, mais je réalise aujourd'hui le vœu qu'il avait si aimablement formulé, ayant eu l'occasion depuis dix ans de travailler dans presque toute l'Europe (1).

Dans son testament politique de 1752, Frédéric II écrit déjà : « La Russie ne doit pas compter parmi nos véritables ennemis ; elle n'a rien à démêler avec la Prusse ; c'est un ennemi accidentel. Un ministre corrompu par l'Angleterre et l'Autriche a eu bien de la peine à trouver un prétexte apparent, pour brouiller nos deux cours. La perte de ce ministre doit remettre les choses dans leur état naturel. La politique de cette Cour est de garder l'ascendant qu'elle a sur la Pologne, d'être en assez bonne intelligence avec la maison d'Autriche pour se fortifier par son secours contre une attaque inopinée des Turcs et de garder, autant qu'elle peut, une influence dans les affaires du Nord. »

Les visées de la Prusse sur la Pologne percent déjà, Frédéric II ajoutant : « La république de Pologne conserve l'ancien gouvernement féodal que toutes les autres puissances de l'Europe ont aboli. Ses voisins, intéressés à maintenir cette monarchie républicaine dans son état de faiblesse,

(1) Ces lignes de début ont été modifiées dans notre communication à Barcelone.

maintiennent la liberté et l'indépendance des grands contre l'ambition de leurs rois. Cette république n'est troublée qu'à l'occasion de l'élection de ses rois. Divisée au dedans par deux puissants partis, elle n'est dangereuse à personne et ses voisins sont presque assurés contre tout ce qu'elle voudrait entreprendre, parce qu'il n'y a rien de plus facile que de rompre les Diètes. »

Et plus loin : « La province qui nous conviendrait la mieux après la Saxe, ce serait la Prusse Polonaise. Elle sépare la Prusse de la Poméranie et empêche de soutenir la première, par les difficultés qu'y met la Vistule, et par l'appréhension des descentes que les Russes pourraient faire par le moyen du port de Danzig. Ceci vous paraîtra plus évident, si vous voulez bien considérer que le royaume de Prusse ne peut être attaqué que par les Moscovites ; que s'ils font une descente à Danzig, ils coupent l'armée de Prusse de toute la connexion qu'elle a avec ce pays ici et que si cette armée était obligée de se retirer, on serait obligé de lui envoyer au devant un corps de troupes considérable pour lui faciliter le passage de la Vistule. Je ne crois pas que la voie des armes soit la meilleure pour ajouter cette province au royaume et je serais tenté de vous dire ce que Victor Amédée, roi de Sardaigne, répétait à Charles Emmanuel : *Mon fils, il faut manger le Milanais comme un artichaut, feuille par feuille* (1) ».

Nous constaterons plus loin que l'Allemagne avait depuis longtemps prévu que la Russie serait un jour la proie de terribles désordres. Frédéric II, bien avant Bismarck, dont nous verrons de 1859 à 1862 les appréciations si graves à cet égard n'hésite pas à déclarer que « si la Russie fait la guerre, on peut prévoir qu'elle ne lui sera pas favorable, parce qu'elle manque d'argent et de bons officiers ; il y arrivera sûrement une révolution, soit du vivant de l'Impératrice, soit après sa mort ; le petit Iwan aura un parti ; peut-être il chassera le prince de Holstein ; peut-être les deux prétendants au trône partageront-ils entre eux cette vaste monarchie. Quoi qu'il arrive, on doit croire que le jeune Iwan sera un barbare, qui se ressentira toute sa vie de l'éducation qu'il a reçue dans son couvent d'Archangel, qui placera toute sa confiance dans les popes qui l'ont élevé et qui l'auront rendu plus Russe que ne le fut

(1) *Die politischen Testamente Friedrichs des Grossen*, von Dr *Volz*.

Pierre I, lorsqu'il parvint au trône. Voilà ce qui doit arriver, à moins que cet enfant ne soit doué d'un génie extraordinaire et qu'il s'arrache lui seul à la crasse ignorante dans laquelle tous les grands ont intérêt à l'entretenir. Les guerres civiles en Russie, surtout le partage de cette monarchie, seraient ce qui pourrait arriver de plus favorable pour la Prusse et pour les puissances du Nord (1). »

Le problème agricole, déjà si complexe dans la vie et l'existence prussiennes, et qui devait au XIXe siècle devenir l'une des bases fondamentales des relations russo-allemandes, préoccupe Frédéric II. Son testament politique de 1768 en est une preuve. « J'en reviens à l'agriculture. Nous avons beaucoup de terres sablonneuses. Si notre sol était meilleur, nous pourrions doubler en bien des endroits le nombre des habitants (2). »

Le testament de 1768 s'appesantit encore sur la Pologne, dont l'existence paraît déjà si odieuse à Frédéric II. Il parle d'elle avec un mépris croissant. On voit qu'il est hanté par la pensée de sa disparition comme grande nation : « Il y a longtemps (3)

(1) Dr Volz. — Ouvrage cité.
(2-3) Dr Volz. — Ouvr. cité.

que la Pologne serait subjuguée si la jalousie de ses voisins, armés contre l'ambition des princes qui voudraient la soumettre, ne les eût retenus dans les bornes de la modération... C'est, selon moi, la dernière nation de l'Europe. »

Signalons incidemment l'exactitude des vues de Frédéric II sur la France. Il écrivait en 1768 dans un jugement d'ensemble sur ce pays : « Je doute que la France reparaisse jamais avec la même splendeur et avec cet éclat qu'elle jeta du temps de Louis XIV. Le plus grand vice de la nation, c'est cette dépravation des mœurs qui gagne chaque jour, le peu d'application des grands, ce goût excessif des plaisirs qui leur fait oublier leurs devoirs et négliger les affaires dont ils sont chargés, enfin ce goût du luxe et de la dépense qui, en leur créant de nouveaux besoins, augmente leur avidité (1). »

La duplicité prussienne, facteur capital dans la politique du royaume et plus tard dans celle de l'Empire, perce à plusieurs reprises, dans les testaments de Frédéric II. On y retrouve des projets dignes d'un Machiavel (2). « C'est une attention nécessaire de cacher, autant qu'il est possible,

(1-2) Dr Volz. — Ouvr. cité.

ses desseins d'ambition et, si l'on peut, de réveiller l'envie de l'Europe contre d'autres puissances, à la faveur de quoi l'on frappe son coup. Le secret est une vertu essentielle pour la politique aussi bien que pour l'art de la guerre. »

Que de fois, pendant la guerre mondiale de 1914 à 1918, le secret des opérations militaires n'a-t-il pas percé tant en France qu'en Russie grâce à de coupables indiscrétions. N'a-t-on pas ainsi retardé d'autant la victoire finale ! En Allemagne, le secret fut bien mieux gardé. Il a été ainsi l'un des facteurs non seulement de la longueur de la guerre, mais encore de l'endurance prussienne pendant quatre années. Les testaments de Frédéric II sont à certains égards prophétiques. Ils révèlent non seulement l'immensité de l'ambition prussienne, mais encore une prescience remarquable des conditions politiques et ethnographiques des divers pays européens. Comme le roi de Prusse a raison, lorsqu'envisageant la position ethnographique de la Russie, il déclare que « ses frontières avantageuses la mettent à l'abri de toutes nos entreprises. Il faudrait une flotte supérieure à la leur pour hasarder l'offensive et je crois que le seul plan capable d'une bonne exécution serait de longer la Baltique, toujours cotoyé de cette flotte pour ne pas manquer de vivres, et diriger sa marche par Riga, Reval et l'Esthonie jusqu'à Pétersbourg. Mais quelle difficulté infinie de prendre tant de places fortes, de conserver l'armée dans ce climat rude et barbare et, quand on aurait fait cette conquête, on n'aurait rien gagné, sinon de recogner ce peuple féroce dans son ancien repaire (1). »

C'est bien l'immense étendue de la Russie, son climat néfaste aux Européens, la longueur de ses frontières qui l'ont toujours plus ou moins protégée contre les invasions européennes. Mais ce sont ces mêmes conditions ethnographiques qui ont caché à l'Europe la faiblesse intrinsèque de la Russie et lui ont permis de faire apparaître une façade à laquelle beaucoup de pays se sont laissé prendre, mais dont un observateur attentif comme la Prusse, ou même la Pologne, pouvait constater les lézardes, symptômes d'un écroulement éventuel.

Pendant toute la deuxième partie du XVIIIe siècle, les rapports russo-allemands restent excellents, à part quelques nuages passagers. Dans des archives

(1) Dr Volz. — Ouvr. cité.

privées, consultées jadis en Allemagne, mais sans être autorisé à les spécifier, nous retrouvions ces lignes impressionnantes écrites à l'un de ses amis en 1768 par l'un des membres de la famille royale : « La Pologne se meurt. Elle sera bientôt la proie des puissances du Nord et cela établira entre elles un lien éternel. » Hélas ! le lien russo-allemand est, en effet, presque éternel et les vues de ce prince étaient vraiment prophétiques. Elles trouvaient une confirmation nouvelle dans ces lignes de Frédéric II, déjà âgé de plus de 60 ans, au comte de Solms, son représentant en Russie — en 1771 : « Employez tous les moyens humainement possibles pour me faire obtenir quelque portion de la Pologne et ne fût-ce qu'une parcelle. Je n'oublierai certainement pas le service que vous m'aurez rendu. Je m'empresserai à vous faire éprouver les effets de ma reconnaissance par une récompense proportionnée et telle que vous aurez tout sujet d'en être content » (1).

La Pologne — nous le verrons dans la suite de ce récit par des textes frappants, devait, jusqu'en 1914, servir de lien entre Vienne, Pétersbourg et Berlin, surtout entre Berlin et Pétersbourg et les unir dans une action de défense commune dans leur larcin.

(1) *Kurd von Schlözer–Petersburger Briefe.*

Les succès des Russes en 1771 dans leurs campagnes contre les Turcs avaient excité la jalousie des puissances voisines. La Cour de Vienne espérait revendiquer un jour les conquêtes des provinces sur lesquelles elle prétendait avoir des droits. Elle fit tout pour entraîner le roi de Prusse dans une alliance contre la Russie. « La conduite que tint le roi de Prusse dans cette conjoncture délicate fut beaucoup plus adroite que celle de Vienne. Au lieu de se déclarer contre la Russie, son alliée, il sut tirer parti de la situation embarrassante où se trouvait cette puissance, menacée à la fois par l'Autriche et travaillée par le fléau de la peste, pour ménager le partage de la Pologne et pour disposer l'Impératrice de Russie à limiter ses propositions de paix et à promettre la restitution de la Moldavie et de la Valachie à l'époque de la paix (1). »

Nous retrouvons dans un Mémoire de l'époque, et parmi les plus importants, cette autre appréciation sur les rapports russo-prussiens (2) en 1774. « Les troubles intérieurs de la Russie, la guerre dispendieuse que l'Impératrice avait à soutenir, mettaient cette princesse dans la position la plus critique et la plus dépendante du sort. Elle ne

(1-2) Arch. Nat., A. D. XV, 9 et. T. 1527.

pouvait trop ménager un allié aussi puissant que le roi de Prusse et aussi disposé à profiter par tous les moyens des malheurs des autres pays. La nécessité forçait à supporter patiemment tous les excès qu'il commettait journellement en Pologne. Rien n'arrêtait ses progrès. Il étendait sans cesse ses nouvelles possessions au delà des limites déterminées. Ses vexations sans nombre, ses infractions continuelles à tous les traités, offensaient d'autant plus vivement l'Impératrice qu'elle n'était pas en état de s'y opposer ».

Pourtant, à la fin du règne de Catherine II les rapports russo-prussiens s'étaient altérés. L'Impératrice, dans sa haine pour la Révolution française, ne pardonnait pas la paix de Bâle à Frédéric Guillaume. Il s'en était suivi entre les deux Cours une inimitié presque ouverte dont Parandier, agent français à Berlin, se fait, en ces termes, l'écho auprès du Directoire, le 28 ventôse an V (1) : « Les derniers moments du règne de Catherine II furent inquiétants pour la Prusse. L'inimitié entre les deux Cours était venue au point qu'on pouvait prévoir une rupture et une guerre prochaines. L'avènement de l'empereur Paul Ier paraissait avoir tout changé.

(1) Arch. Nat. A. F. IV. 76.

Cependant l'Empereur, pressé par le comte de Brühl de s'unir étroitement à la Prusse, a répondu qu'une union intime donnerait de l'ombrage aux autres alliés de la Russie, dans un moment où la Prusse paraissait livrée exclusivement au système français, puisqu'on avait connaissance, ajouta-t-il, d'une convention signée entre les Cabinets de Paris et de Berlin, le 5 août dernier, et par laquelle celui-ci avait cédé les Pays-Bas sous la promesse d'obtenir en compensation l'évêché de Munster pour lui et ceux de Bamberg et de Wurzbourg pour la maison d'Orange. Sur quoi, il témoigna qu'il voyait avec peine de pareils engagements contractés de la part de la Prusse.

« Frédéric Guillaume a dû écrire de sa propre main à l'Empereur pour repousser ces reproches, en lui observant que les engagements signés avec la France n'étaient *qu'éventuels* ».

Le 23 frimaire, an V, le citoyen Caillard pouvait écrire au Directoire : (1) « Le ministre prussien à Pétersbourg a été fort bien accueilli et a transmis à sa Cour de la part de l'Empereur les assurances les plus amicales ».

Le 19 Thermidor an V, une correspondance de

(1) Arch. Nat. A. F. III. (324).

Berlin adressée au Directoire (1) signale qu'on a substitué en Russie l'uniforme prussien au bel uniforme qu'avaient ci-devant les troupes russes. Le nouveau est très incommode pour le soldat..... La liberté est bannie des conversations ; tout est rapporté et puni ». Et une autre correspondance constate « qu'il faut que Frédéric Guillaume ait reçu à Pétersbourg les assurances les plus favorables et les plus positives, car il hausse le ton à l'égard des autres et même vis-à-vis de la France... On a arrêté tous les travaux ou fortifications sur les frontières russes (2) ». Parandier déclare alors que ce que la Prusse redouterait le plus, ce serait une union intime entre la République française et la Russie (3) !

C'est le thème que reprenait 130 ans plus tard la Cour de Berlin. Guillaume II était hanté par la crainte de la conclusion de l'alliance franco-russe. En étudiant ses lettres au Tsar (4), on peut aisément se rendre compte que son but constant, depuis 1891, fut d'intervenir en tiers dans l'alliance ou de chercher à la rompre. En cette occasion encore, l'histoire est

(1) A. N. A. F. III. 79.
(2) Arch. Nat. A. F. IV., 76.
(3) *Id.*, (30 frimaire, an V).
(4) Publiées par le Dr Götz.

un perpétuel recommencement. La Prusse d'ailleurs, depuis plus de deux siècles, même à l'époque des électeurs de Brandebourg, n'avait aucune sympathie pour la France. Le 28 Fructidor, an V, peu après le traité de Bâle, le citoyen Parandier, un de nos agents à Berlin, observe *le peu de penchant qu'on nous y témoigne* (1) et la joie de certaines personnes à nos moindres défaites. Elles établissent « que la nécessité a forcé à faire une paix aussi contraire aux opinions qu'aux passions, paix que la Prusse observera avec chagrin tant qu'elle sera nécessaire, mais qu'elle rompra avec joie quand elle le pourra avec avantage ».

Le système d'espionnage prussien, dont nous avons pu en Europe nous rendre compte si souvent depuis 25 ans, sévissait déjà fortement à l'époque de la Révolution française. Un bulletin de Berlin adressé au Directoire, le 12 Messidor, an VI (2), remarque « qu'en Allemagne, le Ministre étranger est complètement isolé jusqu'à ce que les formalités requises aient été remplies. En attendant, il est entouré d'espions de toute espèce qui pénètrent jusque dans son appartement, le suivent dans la rue,

(1) Arch. Nat., A. F. IV. 76.
(2) Arch. Nat., A. F. IV., 76.

se présentent pour être à son service et l'accompagnent partout avec une impudence révoltante ».

Pendant toute cette période, la question polonaise surgit au premier plan. Le 18 Vendémaire, an IV, 5 députés polonais remettent au Directoire une note pressante, dans laquelle nous relevons ces lignes (1) : « Pour rétablir l'existence de la Pologne, il convient d'exciter la jalousie de l'Empereur contre les puissances copartageantes. Dans les conférences prochaines pour la paix, on pourrait faire valoir l'inégalité des partages, puisque son lot ne serait que le tiers de celui du roi de Prusse et le quinzième de celui de la Russie. D'ailleurs, l'occupation de Kaminiek, de la Podolie, de la Volhynie, donne à la Russie le moyen de fomenter des troubles en Galicie, Hongrie, Transylvanie et autres possessions autrichiennes. La Prusse, de son côté, ne doit pas laisser la Russie détourner le commerce de la Pologne et anéantir ses douanes sur la Vistule, ainsi qu'à Memel et à Königsberg (2) ».

Toutefois, les Polonais qui, plus tard et notamment à la veille de la guerre de 1914, pénétrèrent parfaitement la faiblesse russe, en faisaient déjà état dans une certaine mesure, mais peut-être moindre qu'ul-

(1) Arch. Nat. A. F. III., 74.
(2) Arch. Nat., A. F. III., 74.

térieurement : « Il importe à tous les gouvernements, disaient-ils dans la note précitée, de réprimer l'ambition de la Russie ; elle deviendrait trop formidable à deux parties du monde auxquelles elle touche, suivant ce qu'a prédit le Dr Huet : *les fers de l'Europe viendront de la Russie.* Si le roi de Prusse garde la neutralité, la Suède et la Turquie se déclareront contre elle et les Polonais aideront à *faire tomber ce colosse plus brillant que solide* ».

Mais le 17 Ventôse, an V, le citoyen Caillard, agent français à Berlin, émettait les réflexions suivantes sur le Mémoire polonais : « L'auteur voudrait que le gouvernement français essayât d'amener le roi de Prusse, par l'attrait de conserver son lot de la Pologne, à dépouiller des leurs la Russie et l'Autriche. Mais si une pareille détermination était peu aisée à obtenir du vivant de Catherine II, est-il permis de nourrir quelque espoir à cet égard aujourd'hui que Frédéric Guillaume est libre des justes craintes que lui inspirait un voisin puissant, ambitieux et inquiet. La mort de Catherine II est pour le roi actuel, ce que fut au grand Frédéric la mort d'Elisabeth. N'est-ce pas se faire illusion que de croire pouvoir déterminer Frédéric Guillaume à changer en une haine implacable l'amitié que lui a vouée Paul Petrovitz et à conjurer gratuitement le fléau d'une guerre sanglante dont le succès serait pour le moins douteux. Et quelle meilleure garantie pourrait-on lui offrir pour ses nouvelles possessions que l'intérêt des deux autres Cours spoliatrices et la paix qui règne entre elles ? D'ailleurs, que peuvent les Polonais contre des ennemis qui les enveloppent de toutes parts et qui, étant maîtres des embouchures de toutes les rivières navigables, fermeraient si facilement l'entrée et la sortie de tous secours et de toutes denrées ? (1) »

Les réflexions de Caillard n'étaient malheureusement que trop vraies. Un monde d'ennemis entourait les Polonais. Qu'auraient-ils pu faire ?

Pendant la guerre de 1806 qui devait aboutir à l'écrasement de l'Autriche, la Prusse la laisse volontairement abattre. Ainsi que le dit très justement un auteur allemand connu, dans un ouvrage paru il y a une dizaine d'années, « Frédéric Guillaume III voyait plus dans l'Autriche un ennemi de la Prusse que dans les plans de conquête de Napoléon. Il considérait chaque bataille perdue par l'Autriche comme un accroissement de son propre Etat. C'est

(1) Arch. Nat., A. F. III. 74.

pourquoi il choisit le système de la neutralité que Napoléon considéra comme une preuve de la faiblesse prussienne. Tandis que le Cabinet prussien se tenait toujours aux aguets, il perdit la considération de ses voisins, fut haï de tous et tomba à l'état de nullité... Aussi Napoléon put anéantir d'un seul coup l'Etat du grand Frédéric (1) ».

Mais la suppression, par Napoléon, du Saint-Empire romain germanique comblait, au fond, la Prusse de joie. C'était un coup terrible porté à l'Autriche — coup qui ne pouvait que rejeter la Prusse du côté de la Russie.

Frédéric-Charles de Mosers, à côté de beaucoup d'autres, n'avait-il pas, dès 1765, exprimé ses doléances dans sa brochure *sur l'esprit national allemand* : « Chaque Allemand, disait-il, dans le cœur duquel vit encore la patrie, doit avouer que tout nous manque. Nous ne nous connaissons pas, nous sommes étrangers les uns aux autres, notre esprit s'est retiré de nous ; nous n'avons pas d'intérêt national, pas de patrie commune, nous ne sommes que des provinces ». Et Gœthe lui-même devait convenir que « les Allemands n'avaient pas de ville, pas de pays

(1) Die Lüge von Hohenzollern Segen par Venanz Müller. — Documents allemands.

dont ils pouvaient dire : voilà l'Allemagne » (1). La résurrection de l'idée vraiment germanique allait pouvoir se faire. Et à cette heure, un des princes de la famille royale de Prusse, dont je retrouvais la correspondance dans des archives privées allemandes en 1913, se félicitait, dans une lettre à un ami, du profond abaissement de l'Autriche, ajoutant prophétiquement : *C'est vers la Russie que la Prusse doit se tourner maintenant. C'est la Russie qui nous fera triompher de l'Autriche, c'est elle qui, en brandissant le drapeau panslaviste, abaissera encore le crédit de Vienne.*

A partir de 1807, au moment où la Prusse disloquée et humiliée, cherche par tous les moyens possibles à se relever, les relations clandestines entre Berlin et Pétersbourg sont constantes. Le Tsar, de plus en plus effrayé par les projets et les entreprises napoléoniennes, cherche à se soustraire à leur emprise. Il veut d'autant plus venir au secours de la Prusse qu'il craint que la Pologne ne lui échappe. L'accord entre les deux puissances du Nord est tacite avant de devenir officiel. Des archives privées allemandes, j'ai extrait cette lettre datée de 1810 et adressée à un

(1) H. Ritter von Srbik. Das Ende des Heiligen Römischen Reichs (1804-1806).

Hollandais par une grande personnalité prussienne : « L'avenir est à nous — car les correspondances les plus *intimes* s'échangent chaque semaine clandestinement entre le Tsar et le roi de Prusse. — Nous écraserons tôt ou tard l'hydre infâme ». Et le 29 janvier 1808, Caulaincourt écrivait : « On dit dans toute la société de Kœnigsberg que la Prusse n'a qu'une seule marche à suivre : sa politique doit être de s'attacher à la Russie, si cette puissance est de bonne foi, sinon la Prusse est perdue (1) ».

Les événements depuis lors sont connus ; l'accord intime entre la Prusse et la Russie, traversé parfois par des nuages le plus souvent sans conséquence, allait durer jusqu'en 1914.

J'ai toujours été frappé par ces vues émises dans une brochure extrêmement intéressante publiée au lendemain de la guerre mondiale (2), par M. Alexandre Hoyos, ancien chef de section au Ministère des Affaires étrangères à Vienne, ancien Ministre plénipotentiaire : « Pour juger les relations russo-allemandes, il faut se souvenir continuellement que le fonds de la scène politique européenne depuis 1789 a été rempli par le mouvement révolutionnaire de

(1) Arch. Nat., A. F. IV, 1697.
(2) Der Deutsch englische Gegensatz.

la bourgeoisie montante, mouvement qui tendait à la démocratie. Nulle part, ces circonstances n'ont plus agi sur le développement politique qu'en Russie. L'histoire russe du XIXe siècle est un combat continuel de l'autocratie contre la Révolution. Dans cette lutte, le germanisme était dans l'intérieur de la Russie et en dehors de la Russie, l'allié le plus précieux de la couronne. La Russie, a pris une forme européenne sous l'empire de l'esprit allemand, de l'organisation allemande, en opposition avec le peuple russe qui gravitait vers l'Asie ».

Cette lutte de l'autocratie contre la Révolution perce quelques années plus tard dans cet extrait de lettre adressée par le roi de Prusse au Tsar, lorsqu'il nomme, à la fin de 1850, Radovitz ministre des Affaires étrangères : « Je puis affirmer sur ma conscience, écrit alors Frédéric Guillaume IV à Nicolas Ier, que Radovitz est l'ennemi le plus irréconciliable de la révolution et des principes modernes, qu'il est le plus sage et le plus déterminé réactionnaire. Je ne connais pas d'homme plus pur, plus vertueux, plus religieux, plus pénétré des vrais principes et plus énergique que lui (1) ».

(1) J. von Radovitz, von W. Möring.

Au lendemain des événements de 1815, la France semble méconnaître complètement l'esprit prussien. Cet esprit est celui de la revanche et de la haine, et elle l'interprète, au contraire, le plus souvent dans le sens de la conciliation, et même d'une amicale concorde. Une pareille erreur, aggravée encore plus tard par le manque de sens politique de Napoléon III, devait nous coûter très cher. Dès les premières rencontres entre les représentants prussiens à Paris en 1815 et les autorités françaises, celles-ci multipliaient les avances à Berlin. En effet, le 26 août 1814, Goltz, Ministre prussien à Paris, écrivait à Hardenberg : « Le jour de la saint Louis, le corps diplomatique a eu une audience du Roi... S. M. m'a fait l'honneur de me dire à cette occasion qu'Elle avait lu avec le plus grand plaisir la belle et touchante description de l'entrée du Roi, notre Auguste maître, dans sa capitale (1) ». Presque toutes les dépêches de Goltz à Hardenberg à cette époque précisent les sentiments particulièrement amicaux, de la famille royale et des autorités françaises pour la Prusse. Mais on ne peut s'empêcher de sourire, devant les événements qui devaient surgir si peu de temps après, en voyant

(1) Archives de Prusse.

Hardenberg déclarer à Goltz, le 24 septembre 1814, que « S. M. voit avec un plaisir bien vif les progrès que fait son auguste allié dans l'amour de ses peuples et la confiance générale qu'inspirent des mesures sages et modérées. Il importe à la tranquillité de l'Europe que la France soit heureuse et qu'elle profite des avantages de la paix pour rétablir son commerce et donner une nouvelle vigueur à son industrie nationale...

Sa Majesté mettra toujours le plus grand prix à resserrer les liens qui l'unissent à la France (1) ».

...Moins de 25 ans après, au plus fort de la crise de 1840, la Prusse se déchaînait avec une extrême violence contre la France de concert avec la Russie et la plupart des souverains allemands suivaient cet exemple.

Goltz jugeait d'ailleurs très bien l'état de la France et l'instabilité dans laquelle elle se trouvait. Il en augurait souvent mal et il estimait au mois de novembre 1814 que « le mécontentement d'une grande partie du public se manifestant tantôt plus, tantôt moins, *suivant le caractère versatile de cette nation démoralisée par vingt années de mauvais*

(1) Arch. de Prusse.

exemples et de mauvaises habitudes, il est impossible d'en tirer des conséquences certaines (1) ».

A la fin de la Restauration, la France, grâce à la politique excellente suivie par nos Ministres des Affaires étrangères, se rapproche de la Russie. A la veille de la chute de la monarchie légitime, l'entente franco-russe est des plus étroites et semble presque aboutir à une alliance.

A la même époque, la Prusse, où s'esquissent déjà les projets de *Zollverein*, cherche à entraîner la Russie dans un accord commercial et, peut être, méditait-elle de l'englober dans le futur *Zollverein*. Le ministre d'État prussien von Motz fait sonder le ministre russe Cancrin sur un adoucissement des rigueurs douanières à la frontière de l'Empire. Mais le 22 novembre 1829, Humboldt reçoit cette réponse : « La Russie n'a pas de tarifs différentiels et ne peut pas faire d'exception en faveur de la Prusse qui achète si peu à son voisin de l'Est. Les divers systèmes commerciaux sont un malheur pour le monde, mais au fond ils ne sont qu'une forme de la fiscalité issue des besoins d'argent (2) ». La situation financière de la Russie était alors, en effet, des plus

(1) Arch. de Prusse.

(2) Historische und politische Aufsätze von Treitschke.

précaires comme pendant une grande partie du XIXe siècle. La Prusse était encore un pays agricole. 80 ans plus tard, la situation s'était radicalement modifiée et la Prusse, devenue nation en partie industrielle, était, sous la dépendance russe, en matière alimentaire.

La révolution de juillet arrête totalement le rapprochement franco-russe. Les souverains ont une véritable aversion pour Louis-Philippe. Toutes leurs sympathies restent à la monarchie légitime. Les Cours du Nord se rapprochent devant le péril révolutionnaire, devant l'anticléricalisme grandissant en France, devant les menaces de la démagogie. Jamais on ne se rendra assez compte à quel point cet événement de juillet 1830 a soudé pendant un demi-siècle l'entente de la Prusse et de la Russie. Toutes les archives d'Europe que nous avons consultées en font foi. L'insurrection polonaise accroît encore les liens russo-prussiens. Comme Apponyi, ambassadeur d'Autriche à Paris, lit à notre ministre des Affaires étrangères un mémoire sur les stipulations des traités de 1815 relatives au royaume de Pologne, Sébastiani se récrie et le 11 novembre 1831, Apponyi écrit à Metternich : « Le comte Sebastiani a interrompu ma lecture presqu'à chaque phrase pour m'exprimer sa désapprobation et pour réfuter notre argumentation. Jamais la France, m'a-t-il dit, ne reconnaîtra de pareils principes ; elle protestera solennellement contre ; cette pièce n'est pas digne du Cabinet autrichien ; si elle était connue en Europe, elle y produirait l'effet le plus funeste. On ne traite pas de nos temps les peuples comme des esclaves et comme du bétail ; ils ont acquis des droits reconnus et inviolables. Une constitution octroyée par le souverain, et dont les institutions ont été maintenues pendant 15 ans, ne saurait être renversée arbitrairement, même quand le peuple, à qui elle a été accordée, s'est mis en état de révolte et a prononcé la déchéance de la dynastie régnante. Cet acte de résistance que nous avons toujours condamné et déploré, donne le droit au souverain attaqué de reconquérir les armes à la main son autorité légitime et quand il a réussi à l'établir de nouveau, d'aviser aux mesures *indispensables et nécessaires* pour la conserver et pour empêcher le retour de la révolte et de l'émancipation ; mais il doit s'arrêter là et rien ne l'autorise à priver ses peuples d'institutions compatibles avec le maintien de sa souveraineté et dont il a pris, en face de l'Europe, l'engagement solennel de leur assurer le bienfait. Nous pouvons admettre la nécessité de modifications que la force des choses réclame impérieusement ; celle par exemple de dissoudre l'armée polonaise, d'en suspendre momentanément la réorganisation, nous paraît à nous-mêmes indispensable et incontestable, mais nous ne reconnaîtrons jamais les dispositions, *simplement facultatives*, qui résulteraient pour l'Empereur de Russie des stipulations des traités de 1815, relativement au royaume de Pologne ; nous y voyons, au contraire, des obligations irrévocables contractées envers les puissances, et même envers la nation polonaise (1) ».

Quelques années après, le ministre sarde à Saint-Pétersbourg, commentant les sentiments du Tsar à l'égard des Polonais, adressait au Cabinet de Turin ces lignes si caractéristiques (2) : « Quant au catholicisme pur, l'Empereur l'accuse d'être entaché de libéralisme. L'enseignement du clergé belge modelé sur les doctrines de l'abbé de Lamennais lui fait horreur et il en redoute d'autant mieux les effets, qu'il attribue en majeure partie la Révolution de Pologne à l'influence du clergé catholique

(1) Arch. de Vienne.
(2) 14-26 nov. 1839. Arch. de Turin.

dans ce pays. Son désir de gagner le plus qu'il peut de partisans à l'église grecque, est merveilleusement secondé dans le royaume polonais par la nécessité politique de prévenir, à l'avenir, les instigations révolutionnaires en diminuant l'influence du clergé. Je crois donc qu'effectivement, il n'est malheureusement que trop vrai qu'on travaille assez rudement en Pologne à la conversion des catholiques, mais peut-être moins en haine de la religion catholique, que par crainte des principes subversifs qu'on reconnait au clergé de la nouvelle école ». Et l'agent sarde, jugeant la manière de procéder en Russie, où les hautes classes seules avaient jusqu'alors profité de la civilisation, ajoutait avec vérité : « Quoique je sois loin d'admettre indistinctement toutes les violences qu'on attribue à ce sujet au gouvernement russe, j'observerai pourtant qu'il ne faut pas non plus oublier que la rudesse des manières et l'absence de procédés de la part des subalternes, dans l'exécution des ordres supérieurs, sont un trait caractéristique des mœurs encore un peu sauvages du pays, dont au reste les Russes les plus orthodoxes ne sont pas plus à l'abri que les étrangers. La manie du prosélytisme ne s'étend pas seulement sur les catholiques, mais elle cherche aussi à se faire jour dans les provinces luthériennes de la Baltique, quoique avec moins d'empressement (1) ».

Il est certain que, dans la pensée du Tsar et des hautes autorités russes, la haine du catholicisme était un élément prédominant. Nous fûmes témoin, au début de ce siècle, des mesures de défiance prises à l'égard des catholiques et de la surveillance de tous les instants dont ils étaient l'objet, au point d'être expulsés immédiatement, s'ils cherchaient à faire la moindre conversion. Dans ces conditions, les réflexions de l'agent sarde se comprennent à merveille.

Les puissances du Nord n'attendaient au milieu du dernier siècle qu'une occasion d'humilier Louis-Philippe. Les événements de 1840 en Orient leur en fournissent l'occasion. Dans la crise d'Orient, l'Europe entière s'élève contre la France. Elle veut prendre un commencement de revanche des événements de 1800 à 1814, car toute l'histoire des puissances du Nord et de l'Angleterre de 1815 à 1870 tient dans ce mot : la revanche — « Je crois pouvoir affirmer, écrivait, le 1er octobre 1840, l'agent sarde en Russie, que le souverain de Prusse n'est entré ni moins

(1) Arch. de Turin.

vivement, ni avec moins de franchise que ses alliés dans les conditions de la Quadruple alliance (1)... Le ministre d'Angleterre, qui remplace ici Lord Clauricarde pendant la durée de son congé, m'a encore assuré positivement hier au soir, que jamais une plus grande union, ni un accord plus parfait n'avaient existé entre les quatre Cours sur aucune question précédente. Il m'a même laissé entrevoir clairement, pour me prouver à quel point on était d'accord sur les moyens d'en finir, que son gouvernement était très résolu à seconder la marche d'*une armée russe sur Constantinople*, si besoin en était (2) ».

Le gouvernement anglais favorisant la marche sur Constantinople d'une armée russe, n'était-ce pas le comble ?

Et au mois d'avril 1841, le ministre d'Angleterre à Berlin estimait « que la France n'avait plus rien à faire dans la Méditerranée (3) ».

Les relations russo-allemandes, tout en restant très intimes, devaient pourtant être légèrement altérées par la crise de 1848 à 1850. Il semble qu'on ait alors en Russie comme une crainte vague,

(1) Arch. de Turin.
(2) Arch. de Turin., 5 oct. 1840.
(3) Arch. de Turin.

très vague du danger de l'ascension de la Prusse. La Russie soutient l'Autriche, elle la considère comme un pilier contre les ambitions de Berlin. Dans cette occurence, la Russie est d'accord avec la Bavière, qui ne manque pas une occasion de dénoncer les visées prussiennes. Les conversations de von der Pfordten, ministre bavarois des Affaires étrangères, avec les agents autrichiens et français ne laissent aucun doute sur la haine que la Bavière porte à la Prusse. La France avait alors une occasion exceptionnelle d'utiliser cette haine, de tourner définitivement les Allemands du Sud contre la Prusse. Nous l'avons malheureusement manquée, comme nous l'avons manquée au cours de l'année 1918, alors que nous avions tant d'atouts en main. On demeure vraiment attristé lorsqu'on voit notre ministre des Affaires étrangères écrire à Arago, notre agent à Berlin, le 20 octobre 1848 : « Attache-toi à cultiver l'amitié de la Prusse. Ce sera pour l'avenir notre meilleure et notre plus sûre alliée (1) ».

Pendant ce temps, Pfordten, ministre bavarois des Affaires étrangères, disait en mai 1849 à notre agent à Munich : « C'est la Prusse qui a fait tout le mal ;

(1) Aff. Etr. à Paris.

c'est elle qui, en donnant aux unitaires de fausses espérances, les a excités, encouragés, qui a ainsi affaibli tous les gouvernements (1) ».

Ces paroles et beaucoup d'autres analogues n'étaient pas suffisantes pour éveiller l'attention du gouvernement français, qui trouvait (2) que « le langage sévère de Pfordten contre la Prusse avait causé en France une pénible impression. Le maintien de la paix, celui de l'équilibre en Europe et en Allemagne sont des intérêts universels, incompatibles avec une telle politique. Autant ces intérêts répugnent aux projets ambitieux que la Prusse essayait de réaliser, il y a quelques mois à peine, autant ils seraient compromis aujourd'hui par une nouvelle combinaison qui, en affaiblissant trop le Cabinet de Berlin, transférerait nécessairement à quelque autre puissance, la portion de force et d'influence dont on le dépouillerait ainsi. Il ne faut pas risquer, par une préoccupation trop exclusive du danger de l'ambition prussienne, de créer, de quelque autre côté, d'autres périls contre lesquels on aurait ensuite à se défendre, peut-être avec moins de chances de succès (3) ».

(1-2) Aff. Etr. Fonds Bav.
(3) Aff. Etr. Fs. Bav.

Et pourtant, à la même époque, Beckerath, qui appartenait à la Prusse Rhénane, disait en sa qualité de Ministre du *Reich* : « Chaque corps organique ne peut avoir qu'un point central ; on ne peut supposer que les pays autrichiens allemands puissent graviter tout à la fois autour du point central du gouvernement autrichien et autour du point central du gouvernement allemand. Le premier veut l'Autriche, le second ne peut pas la vouloir... Le peuple allemand veut une existence indépendante, une forme de vie indépendante. *L'attente de l'Autriche est la mort de l'unité allemande* (1) ».

Le Tsar manifestait alors publiquement ses sentiments pour François-Joseph ; à la fin d'une parade militaire au mois d'août 1851, il s'était ainsi adressé au comte Taaffe, agent militaire autrichien : « Mille choses tendres à l'Empereur du fond de mon cœur » (2).

La Russie était dans la bonne voie. Très habilement, la Prusse reste neutre pendant la guerre de Crimée. Elle paralyse ainsi toute la confédération germanique. Elle empêche l'Autriche de s'unir aux

(1) Historische Blätter. Article de M. H. von Srbik (1921).
(2) Arch. d'Etat à Vienne.

alliés contre la Russie. La Prusse, par cette politique si adroite, décide ainsi de tout son avenir. Comme le dit fort justement H. Kunaù dans une étude remarquée parue en 1914, « il s'offrait maintenant pour la Prusse une occasion d'affirmer son indépendance de l'Autriche et de faire une politique personnelle ». Certes des liens étroits unissaient la Prusse à Londres. Stahl disait à la première Chambre, le 25 avril 1854 : « Nous tenons par mille liens à l'Angleterre, par des liens confessionnels, de culture, d'intérêts commerciaux, même par des liens politiques, aussi longtemps que l'Angleterre restera la vieille Angleterre ». Mais les conservateurs prussiens, dont l'influence était si grande, estimaient que la vieille Angleterre n'existait plus. Ses anciens principes s'étaient modifiés. Elle avait fait alliance avec la Turquie et avec le Bonapartisme que la Prusse détestait. Tous les souvenirs de 1813 revivaient plus que jamais à Berlin et le général de Gerlach écrivait à Bismarck : « Le Bonapartisme est nécessairement conquérant ; car un Etat, qui a un autre principe d'existence que les autres, doit nécessairement se proclamer conquérant pour se les assimiler ». Et encore : « La nature de la domination bonapartiste est tout autre que celle des souverains ; elle est incompatible avec la paix de l'Europe (1) ».

Toutes ces raisons ne devaient-elles pas inciter Berlin à souhaiter au fond une victoire russe ? — Aussi la Russie, que la rivalité autrichienne dans les Balkans inquiétait déjà fortement et qui cherchait à se rapprocher des Slaves d'Autriche, va-t-elle l'abandonner définitivement. Que devenait donc le « flirt » de 1848 à 1852 ? Ecoutons les paroles de Gortschakoff et du Tsar à Bismarck pendant son ambassade en Russie ; jamais peut-être depuis longtemps, elles ne furent plus significatives de l'état d'esprit russe vis-à-vis de la Prusse. Le 17 juin 1859, le Tsar dit à Bismarck (2) : « J'ai été le premier à rendre justice à la loyauté et à la sagesse du système politique que mon oncle a adopté ; je m'en suis fait l'avocat auprès de tous les souverains allemands, avec lesquels j'ai été en correspondance ; un ministre de Prusse n'aurait pas plaidé plus chaleureusement que moi les intérêts de son pays, que je ne l'ai fait, moi, dans mes lettres adressées

(1) Voir pour tout cela : *Die Stellùng der Preussichen Conservativen zur äusseren Politik Während des Krimkrieges, von H.* Kunaŭ.

(2) Cité par Raschdaŭ. Documents allemands.

au Roi de Wurtemberg, au Grand-Duc de Saxe et à d'autres princes allemands (1) ».

Gortschakoff laissait clairement entendre que les rapports avec l'Autriche étaient plus que froids (2) : « A tous les efforts que l'Autriche a faits jusqu'ici pour refaire son alliance avec nous, disait le futur chancelier russe à Bismarck, le 27 juin 1860, je réponds toujours par le conseil de s'adresser plutôt à la Prusse et de lui faire des concessions raisonnables dans les affaires fédérales. Il y a peu de jours seulement que j'ai parlé dans ce sens à M. de Revertera qui, par ordre de son gouvernement, venait m'assurer que l'Autriche se mettrait entièrement à notre disposition pour tout ce qui concerne la politique d'Orient, si par là elle gagnait la chance de rétablir l'ancienne entente. En effet, dans ces derniers jours, parmi tous les Cabinets, c'est celui de Vienne qui nous a secondés le plus efficacement à Constantinople et qui, à l'en croire, en ferait mieux encore, si nous voulions nous y fier. Mais je vous avoue que, pour les rapports intimes avec l'Autriche, je suis *chat échaudé* ; je vous la laisse ; arrangez-vous comme vous le pourrez ».

(1-2) Cité par Raschdau. Documents allemands.

On multiplierait de la sorte les lettres de Bismarck au prince régent de Prusse ; elles reflètent les mêmes sentiments lorsqu'il s'agit des rapports russo-allemands. On y trouve même parfois certaines réflexions qui ont vraiment un caractère comique. C'est ainsi que le 5 juin 1862, l'Impératrice de Russie fait observer à Bismarck qu'elle a appris au prince Impérial à faire *un compliment à la prussienne.* Et Sa Majesté ajoutait que des révérences vraiment imposantes n'étaient guère en usage qu'en Prusse (1). On ne peut s'empêcher de sourire devant une telle platitude, lorsqu'on connaît le formalisme excessif qui régnait alors à la Cour de Vienne, la plus cérémonieuse de l'Europe.

Les années passent. Partout on rencontre des manifestations nouvelles de l'intimité des rapports russo-allemands. En 1857, au cours d'un dîner militaire à Pétersbourg, le comte de Grœben, général de cavalerie prussien, porte ainsi la santé des officiers russes : *Cette Russie que nous, Prussiens, nous aimons tant* (2). Sur quoi ces derniers portent Grœben en triomphe. Peu après, les

(1) RASCHDAU. — Ouvr. cité.
(2) Kürd von Schlözer. — Petersbürger Briefe.

généraux russes offrent un banquet à ce dernier qui a, de nouveau, l'occasion d'exprimer avec la plus grande chaleur ses sentiments (1) ; « Nous, Prussiens, s'écrie-t-il, nous savons tous parfaitement qu'en 1813, nous n'avons été sauvés que par la Russie ». Ces souvenirs de 1813 percent dans tous les documents inédits de l'époque. Les puissances du Nord avaient conservé contre la France une terrible rancune, qui faisait explosion à tout propos. 1813 les unit, resserre leurs liens, presque indestructibles à ce moment. Mais dès cette heure, les germes de décomposition, d'ailleurs poussés clandestinement par l'Allemagne, se font jour dans le grand Empire du Nord. J'ai maintes fois remarqué la perspicacité avec laquelle les gouvernements allemands ont, dès cette époque, prédit l'effondrement de l'Empire des Tsars. Combien justes ces lignes de Kurd von Schlözer, agent allemand en Russie, en janvier 1858 (2) : « Dans l'esprit du paysan s'élève la conscience, jusqu'ici sommeillante, que le sol lui appartient. Bibikoff, l'ancien ministre de l'Intérieur, faisait cette remarque : « Vous verrez

(1) Kürd von Schlözer. — Pétersbürger Briefe.
(2) Ouvr. cité.

que la hache du paysan russe coupe beaucoup plus fortement que la Révolution française (1) ».

Peu après, le comte Tolstoï, gouverneur de Pensa, est destitué, parce qu'il déclare ouvertement que les Romanoff ne régneront pas longtemps (2). Et au mois d'octobre 1861, Gortschakoff disait à un ami : « Quel malheur pour moi d'être appelé à la tête des affaires en un moment où la Russie est tellement affaiblie (3) ».

La situation financière de la Russie, en fait, depuis de longues années toujours plus ou moins médiocre, était, pour l'Empire, une cause de réel affaiblissement et le détournait, non seulement d'une guerre, mais encore de toute entreprise hasardée : Bismarck a parfaitement montré cette situation dans un rapport fort important, daté du 2 mars 1861 et dont j'extrais ces lignes (4) : « La tâche qui consiste à libérer le système financier russe de toutes les atteintes qu'il subit, resterait très dure pour des éléments même plus actifs que ceux qui se trouvent actuellement à la tête des affaires. Cette tâche est presque insoluble aussi longtemps qu'on ne réussira pas à mettre fin,

(1-2-3) Von Schlözer. — Ouv. cité.
(4) Cité par Raschdau. Documents allemands.

dans l'intérieur même du pays, à un état de choses où n'existe encore que de nom, ce que nous appelons l'administration de la justice. L'insécurité juridique dans le développement du commerce, de l'industrie et du crédit, est encore plus préjudiciable à la Russie que la déloyauté légendaire dans le corps des fonctionnaires ». De tous temps et spécialement à l'époque tartare, le Russe avait été habitué à être traité à la baguette. Ce traitement, bien qu'il le supportât avec une rare patience, commençait à lui peser, sans qu'il y ait eu pourtant encore de mouvement révolutionnaire formel. Mais combien juste cette remarque de Karl Nœtzel dans son remarquable travail sur la psychologie de la Russie : « La dépendance totale du Gouvernement russe où se trouvait l'école (et vous savez pourtant, Messieurs, que les écoles étaient réduites en Russie au strict minimum) l'a fait mépriser par la société et même haïr et lui a enlevé ainsi une grande partie de son efficacité éducatrice à partir du milieu du 19e siècle. Cette situation constitua un événement fort important pour toute la culture intellectuelle russe. Lorsque Tolstoï appelle chaque éducation une formidable pression, il désigne les choses par leur nom ».

Mais Nœtzel reconnaît que l'école russe flattait

pourtant le nationalisme, et ceci à l'extrême. Et il conclut par cette réflexion profonde : « La chute de la révolution russe au cours de la guerre mondiale devant le fantôme du militarisme allemand, a démontré à l'esprit le plus prévenu le succès de l'école russe dans son procédé d'inoculation du nationalisme ».

La Prusse saisissait alors toutes les occasions d'être agréable à la Russie. Ce fut encore le cas dans la question des principautés danubiennes. Les notes que j'ai pu, à cet égard, glaner dans les archives allemandes, montrent la volonté de Berlin d'appuyer la Russie dans la question de l'union de la Moldavie et de la Valachie. La Russie, dans son for intérieur, ne l'acceptait qu'à contre-cœur ; mais elle y voyait un nouvel émiettement de l'Empire ottoman et, devant cette perspective, tout le reste s'effaçait pour l'instant. Plus tard, il serait temps d'aviser et d'affaiblir la Roumanie. Le 22 janvier 1859, le prince Gortschakoff avait entretenu Sir J. Crampton, agent anglais, de l'élection d'Alexandre Couza, comme Hospodar de Moldavie et de l'intention de l'Autriche d'appuyer la Porte dans son refus de ratification.

Gortschakoff s'était vivement élevé contre cette manière de voir. Il estimait que la Porte n'avait pas le droit de rejeter un candidat valablement élu (1).

Toutes les sympathies de Gortschakoff s'affirmaient visiblement pour Couza.

La Prusse se joignait à la Russie. Dans ses entretiens avec les agents anglais, Schleinitz lança quelques critiques contre l'opposition de l'Autriche. Il soutenait, le 29 janvier 1859, à Lord Bloomfield, avec une réelle véhémence, que la solution la moins discutable reposait dans la confirmation de l'élection du colonel Couza, contre laquelle il n'avait rien à objecter et qui apparaissait bien avoir été faite en conformité des traités (2).

On juge du dépit qu'on éprouvait à Vienne des propos de Schleinitz. A cette heure même, Hübner, agent autrichien à Paris, exprimait au comte Walewski son vif mécontentement de l'élection de Couza comme Hospodar de Moldavie et il demandait avec anxiété à notre ministre des Affaires étrangères quelle serait son attitude à Constantinople si la Porte refusait de reconnaître cette nomination (3).

Le comte Walewski s'était borné à répondre que

(1) Record Office. Londres.
(2) Record Office, Londres.
(3) Record Office, Londres.

la Porte ferait bien d'être fort prudente dans sa façon de procéder, car dans l'opinion du gouvernement français, il faudrait que l'élection de Couza reposât sur l'illégalité la plus flagrante pour que la Sublime Porte pût y refuser son adhésion. La France se montrait, une fois de plus, l'amie dévouée de la Roumanie.

A Vienne, le comte Buol disait à Lord Loftus, qu'il ne comprenait pas comment la Russie se montrait partisan de l'Union des principautés, qu'il qualifiait d'*Union républicaine* (1). En effet, ajoutait-il, si l'on crée un royaume de Roumanie indépendant, toute la Bessarabie, dont la population est roumaine de sang et de langue, tendra à s'annexer à ses frères roumains, sous un souverain indépendant (2).

Il suffisait d'ailleurs alors d'entendre à Berlin tout homme politique, quel qu'il fût, tout écrivain, pour constater la haine qu'un Prussien portait à un Autrichien — haine farouche, haine inextinguible.

L'entrevue de Varsovie, qui avait eu lieu à la fin de l'année 1860 entre les souverains du Nord de l'Europe, sembla satisfaire grandement divers princes allemands. Le grand-duc de Saxe Weimar s'était fait

(1) Record Office, Londres.
(2) Record Office. 23 février 1859.

l'interprète de ces sentiments dans cet extrait d'une lettre adressée en novembre 1860 au grand-duc de Bade, si porté, comme on sait, pour la Prusse : « J'ai trouvé l'empereur Alexandre plus rapproché de la Prusse que de l'Autriche... La Russie ne fera rien contre l'Allemagne. Ses rapports avec la France sont précaires ; la confiance en Napoléon III est presque entièrement ébranlée (1) ».

La situation intérieure de l'Autriche déjà troublée, les mouvements panslavistes naissants, le frémissement des nationalités inspiraient d'ailleurs des craintes qui ne pouvaient que rapprocher Berlin et Saint-Pétersbourg : « Sur le désir du roi des Belges, j'ai eu depuis quelques semaines un échange de correspondances avec lui, écrivait, le 6 octobre 1860, le grand-duc de Bade au grand-duc de Saxe Weimar J'ai discuté avec lui les événements d'Autriche. *Le Roi voit l'avenir de l'Autriche très en noir.* Il cherche à l'améliorer, mais sans succès (2) ».

A cette époque, vers 1862, les plus hautes personnalités russes s'entretenaient sans cesse avec les agents allemands des souvenirs de 1813, de cette

(1) Cité par Oncken. Documents allemands.

(2) Oncken. Grossherzog Friedrich I von Baden und die deutsche Politik (1854-1871).

époque fatidique, qui rapprochait sans cesse les deux Cours. On ne saurait trop insister sur ce point capital. Au cours d'un entretien intime avec le comte Nesselrode, qui devait peu après disparaître, Kürd von Schlözer avait remarqué de nouveau sa prédilection, sa haute admiration, pour la Prusse. Puis on vint à parler de Napoléon, l'éternel sujet : « Napoléon, dit le comte Nesselrode, était grand en matière administrative et stratégique, mais c'était un coquin ! Vous auriez dû voir comme moi, comme il a traité l'Allemagne ». Et Nesselrode paraissait nerveux, agité. « Oui, répondit Schlözer, mais indirectement l'Allemagne doit le remercier, car sans lui nous ne serions jamais sorti du marécage du Saint-Empire romain (1) ».

Très peu de jours après, Gortschakoff cause avec le comte Thün, agent autrichien ; il paraît en proie à des soucis extrêmes — il s'arrête brusquement, puis reprend la conversation et finalement laisse échapper ces mots : « Je vous avoue que *la situation est très grave* et on ne peut se dissimuler qu'un mauvais esprit règne à Pétersbourg et, en général, en Russie. Les démonstrations des étudiants ne

(1) Kürd von Schlözer. — Ouvr. cité.

doivent servir qu'à couvrir d'autres desseins. Quant à nos autorités, il faut reconnaître que, dans le courant de l'été, elles ont manqué d'habileté et d'énergie dans le maniement des affaires. Maintenant, il faut agir avec beaucoup de fermeté, tout en ménageant d'une certaine façon les étudiants (1) ».

Comment les grands Etats européens n'ont-ils pas prêté l'oreille à de pareils témoignages ! La Russie ne pouvait évidemment se lancer dans une grande guerre. Elle avait déjà le vague pressentiment que celle-ci pourrait lui être fatale. Elle se renfermait dans ses steppes. Elle attendait...

Les événements se précipitent. La Prusse marchait de plus en plus à son unité. Tout était mis en œuvre dans ce but et la Russie prêtait à Berlin, avec un véritable aveuglement, le concours le plus assidu.

Au cours de l'insurrection polonaise de 1863, la Prusse n'avait pas seulement gardé la neutralité. Elle avait montré en toute circonstance, que son aide morale était acquise à la Russie. D'un côté comme de l'autre, la haine confessionnelle contre la Pologne était aussi forte que la haine politique, car qui pourrait nier que, depuis 200 ans,

(1) Kurd von Schlözer. Petersburger Briefe.

dans les rapports entre les peuples, le côté confessionnel ne joue un rôle capital.

Lorsque plus tard, peut-être très tard, s'ouvriront les archives publiques et surtout privées, on constatera qu'à cette date, le Tsar ne cessa, dans ses lettres particulières, de marquer au roi de Prusse la reconnaissance la plus chaleureuse, l'affection la plus intime. J'ai pu en avoir une preuve évidente par une lettre d'un aide-de-camp du Tsar, qui m'a été communiquée confidentiellement en 1913 à Berlin. Il écrivait en février 1868 à un ami prussien : « Le catholicisme de la Pologne nous fait horreur à tous deux. Le Tsar et le roi de Prusse se le répètent sans cesse. Maintenons serrées les chaînes qui asservissent cette Pologne, véritale chancre à nos pieds ! »

27 ans plus tard — ceci soit dit en passant — exactement le 7 février 1895 — l'empereur Guillaume revenait sur cette question catholique dans une lettre très importante à l'empereur Nicolas : « Mon Reichstag, lui écrivait-il, se montre aussi mal que possible ; il nage soit en avant, soit en arrière entre les socialistes, poussés par les Israélites et les Catholiques ultramontains. Ces deux partis seront bientôt mûrs pour être pendus (1) ». En 1868, l'unité

(1) Das Neue Reich, 1924.

allemande se préparait donc lentement, mais avec quelle maîtrise ! Et la France, grâce à la candeur de Napoléon III, continuait à appuyer la Prusse.

Celle-ci posait partout ses jalons. Après le désastre de Sadowa, elle avait tendu la main à la Hongrie, fortement appuyé le compromis de 1867 qui lui était si favorable et le ministre de Prusse à Pesth pouvait écrire à son gouvernement : « Les Hongrois sont remplis de reconnaissance pour la Prusse qu'ils remercient de leur situation politique actuelle... ils n'aiment pas les Allemands d'Autriche, mais considèrent pour l'avenir la Prusse comme leur protecteur certain (1) ». Quelle prédiction, Messieurs, et combien les événements devaient la justifier !

Le 6 avril 1867, le Tsar avait prononcé une parole vraiment décisive. Le colonel Schweinitz, agent militaire prussien en Russie, ayant commenté devant le souverain les affaires du Luxembourg et ajouté que Napoléon y regarderait à deux fois en constatant que toute l'Europe marchait contre lui, Alexandre II répliqua vivement : *J'espère bien qu'il aura contre lui toute l'Europe* (2).

Toutefois, le parti militaire prussien conservait

(1) Emner. François-Joseph.
(2) Briefwechsel des Botchafters v. Schweinitz.

toujours envers la Russie une certaine méfiance, car au mois de juin 1867, le général de Moltke disait à Schweinitz (1) : « Nous devons avoir les Russes comme amis, mais pas comme alliés actifs ; ils ne doivent jamais pénétrer en Prusse : d'abord ils arrivent toujours trop tard, puis ils sont trop nombreux ».

C'était bien cette supériorité du nombre que redoutait la Prusse. Et pourtant, la force qu'en retirait la Russie n'était-elle pas factice ?

Le 23 novembre 1869, dans un entretien avec Schweinitz, le Tsar était de nouveau revenu sur la situation extérieure. Il avait parlé de l'avenir de la Prusse ; son cousin de Weimar lui écrivait sans cesse que la Prusse ne pouvait pas rester ce qu'elle était, et lui, l'Empereur, répondait que c'était justement ce qui le peinait. Schweinitz ayant fait alors allusion à la possibilité d'une invasion française en Prusse et à la certitude qu'il en résulterait la formation de l'unité allemande, le Tsar répliqua songeur, qu'une fois déjà, la moitié de l'Allemagne s'était tournée du côté de la France... Puis, comme toujours, la conversation s'engagea sur la Pologne, l'éternelle Pologne,

(1) Briefwechsel des Botchafters v. Schweinitz.

et Schweinitz, très habilement, insinua que pour la Prusse la question polonaise était vitale et que si, par malheur, des divergences venaient à se produire entre la Prusse et la Russie, l'intérêt commun des deux Etats en Pologne les unirait de nouveau... Le Tsar fit ensuite allusion à l'hostilité de l'Autriche contre la Prusse, puis, se levant brusquement, il avoua que l'avenir de l'Europe ne lui apparaissait pas rose et que la discipline du parti de la révolution était forte (1)... La force du parti révolutionnaire devait contribuer à unir les trônes dans un sentiment de commune défense. L'avenir le prouva. .

La Prusse pouvait maintenant être sûre de sa réussite. L'unité allemande, à laquelle Berlin travaillait depuis si longtemps, était moralement faite.

Lorsqu'en 1867, Bismarck se pénètre de l'idée que l'Autriche mobilise partout des agents contre la Prusse et que la réconciliation avec Vienne est presque impossible, il resserre d'autant plus ses rapports avec Pétersbourg et il écrit au représentant prussien en Russie, où l'on semblait redouter un accord austro-franco-prussien sur l'Orient : « Nos

(1) SCHWEINITZ. — (Ouvr. cité).

sentiments pour la Russie sont les mêmes après comme avant. Nous la considérons comme notre alliée naturelle, historique et intime. Des assurances occasionnelles d'amitié de la part de Beüst, des articles amicaux dans la presse autrichienne ne nous détermineront pas à changer d'un jour à l'autre, notre politique (1) ».

A la même époque, une femme très informée et très intelligente, qui jouait à Paris un rôle considérable, Mme Hortense Cornu, entretenait avec Emile Picot, un des grands apôtres du rapprochement franco-roumain, une correspondance suivie, et le 12 mars 1867, elle s'exprime ainsi : « L'alliance prusso-russe est faite et parfaite. Tous les démentis qui nous viennent de Prusse ne sont que des tromperies, ou des ignorances. Que pour l'amour de lui et de la Roumanie, le Prince ne se fasse pas prussien en appelant des Prussiens (2) ».

La Prusse triomphe trois ans plus tard. L'Europe entière exulte. Laissez-moi, Messieurs, vous citer ici en terminant quelques extraits de lettres d'étrangers, recueillies en Europe dans des archives privées. Elles sont frappantes pour saisir sur le vif l'antipathie

(1) Bismarck Kampf um Süddeutschland, von Schüssler.
(2) Mélanges de l'Ecole Roumaine *(Article de Georgescu-Titu)*.

que la plupart des puissances éprouvaient alors pour la France.

A Pétersbourg, une grande dame de la Cour fait ainsi part de ses impressions à une amie : « Ici, tout est à la joie. Ce n'est pas seulement la France, c'est l'usurpation qui est battue et avec elle le nom exécrable de Napoléon Ier ».

A Berlin, un professeur en vue, fait à ses élèves un cours sur les derniers événements et il leur dit : « La reine Louise est vengée. La France est par terre. Mais le germanisme n'a pas achevé son œuvre. Il doit maintenant détruire la race latine, son adversaire né et perpétuel ».

La Cour anglaise n'avait pas été la dernière à se réjouir de la défaite de la France. L'Angleterre n'avait-elle pas toujours favorisé depuis deux siècles la formation de l'unité allemande !

Le 18 décembre 1870, la reine Victoria écrivait, en effet, au roi Guillaume Ier : « Les sympathies ont été toutes à l'Allemagne et le sont encore pour les hommes bien informés. Mais je crains que l'amertume qui se produit contre nous, non moins que la longue durée de la guerre, ne ramènent bientôt beaucoup de sympathies à la France et je le regretterais, pour ma part sincèrement, car je considère comme nécessaire au bonheur et à la paix de l'Europe qu'une Allemagne unifiée vive dans les meilleurs termes avec l'Angleterre (1) ».

Enfin, un prince de la famille royale anglaise (2) ne peut plus contenir sa joie. Elle éclate dans cette lettre à un grand personnage : « La France est abattue. Le monde respire. La menace n'est plus suspendue sur notre tête. Hourrah pour la Prusse ! » Presque toujours, dans ces correspondances revient le nom de Napoléon Ier dont les souvenirs pèsent de tout leur poids dans la balance — à 55 ans de distance. — Il semble que l'Europe entière soit libérée d'un intolérable fardeau, d'une vraie obsession, qu'une ère nouvelle s'ouvre devant elle.

Et 44 ans après, ces mêmes puissances qui exaltaient Berlin et se félicitaient presque publiquement de l'abaissement de notre pays, devaient s'unir à lui pour brûler ce qu'elles avaient adoré et se dresser contre l'invasion menaçante.

(1) Kaiser Friedrich III Kriegs Tagebuch (1870-71) (von Otto Meisner).

(2) Arch. privées anglaises.

SAINT-AMAND (CHER). — IMPRIMERIE R. BUSSIÈRE. — 20-5-1930

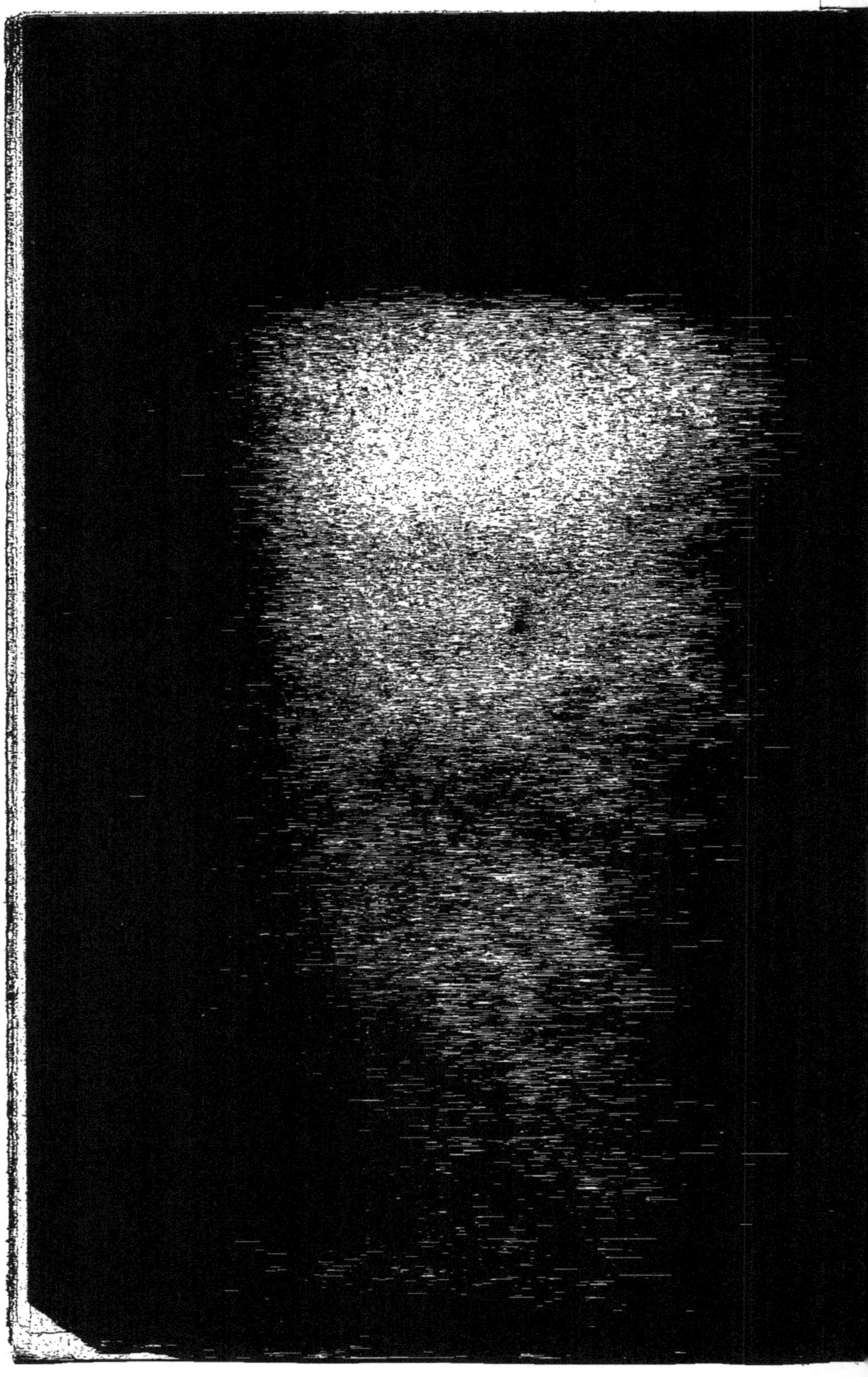

www.ingramcontent.com/pod-product-compliance
Ingram Content Group UK Ltd.
Pitfield, Milton Keynes, MK11 3LW, UK
UKHW020955180726
13838UKWH00003B/1330